AF297826

¶ Regles communes

de plain chant auecques la fin des
tons-tant reguliers que irreguliers
nottee. Pour bien cógnoiſtre de quel
ton eſt le chant que lon chantera.
Et auſſi pour bien ſcauoir et ſeure=
ment hault ou bas entóner toutes ſor
tes de plain chãt. Leſquelles re
gles ont eſte baillees par me
ſtre Jeronyme Eſdin: bon
maiſtre de chãt. et apres
viſitees et corrigees
par aultres bons
maiſtres du=
dict chant.

✠

¶ Nouuellement Imprimees
en Auignon:

Egles cómu=
nes du plain chant.
Pour bié cognoistre
de quel tõ est le chãt
que lon chantera. Et
aussi pour bien sca=
uoir comment il fault bien et seure=
ment entõner toutes sortes de chant.
Cõme sont. Aux messes les Introictz
les Kyrieleyson les Gloria in excelsis.
deo. les Graduals. et leurs versetz
les Tractz et leurs Uersetz les Pro
ses les Offertoires les Sanctus san
ctus.7c. les Agnus dei et les post cõ
munions Et aux matines et aultres
heures canoniques. A cognoistre les
tons et aussi entonner les inuitatoy=
res les Hymnes toutes antiphones
tous Respõssiers 7 leurs versetz Et
toutes aultres manieres dudit plain
chãt q lon scaura trouuer pour chan

A ij

ter. Lefqlles regles ont efte baillees
par meftre Jeronyme Efdin-bõ mai-
ftre de chant. Et apzes vifitees et coz
rigees par aultres bõs maiftres duõ
chant comme senfuyt.

℃ Et premierement.

℃ Il ya auõ plain chant huit tons reguliers qui font quatre impars ⁊ fap
pellent maiftres a caufe quilz monte
que font: ceftaffouoir. le premier, le
tiers, le quint, et le feptiefme.

℃ Les aultres quatre tons pars qui
fappellent difciples, font le fegond, le
quatriefme, le fixiefme et le huytief-
me tons. Et lefquels tons fuõ q̃ font
huyt reguliers finiffent cõme senfuyt.

℃ Les premiers et fegond tons, finiffent au re, de, d folre, le graue venant
apzes c fa vt. ℃ Exemple.

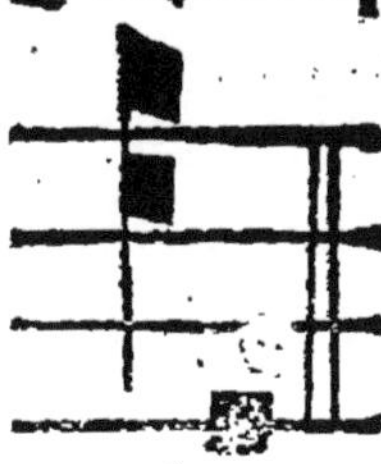

℃Le tiers ⁊ le quart finiſſent au mi
de eſami le graue venant apꝛes leſ
o ſolre.

℃Exemple.

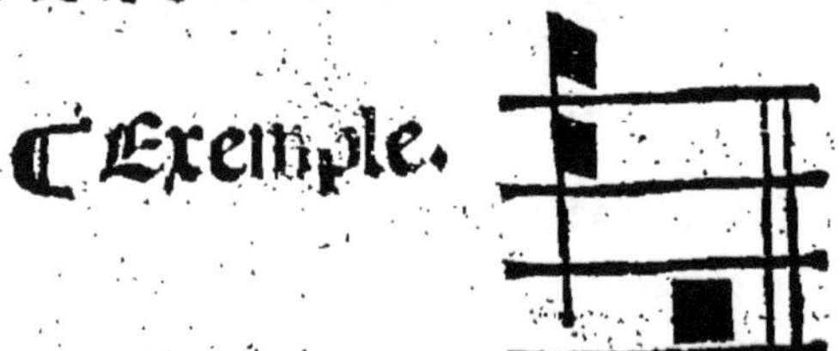

℃Les quint et ſixieſme tõs finiſſent
au fa de ffa vt venant apꝛes leſ ela
mi le graue.

℃Exemple.

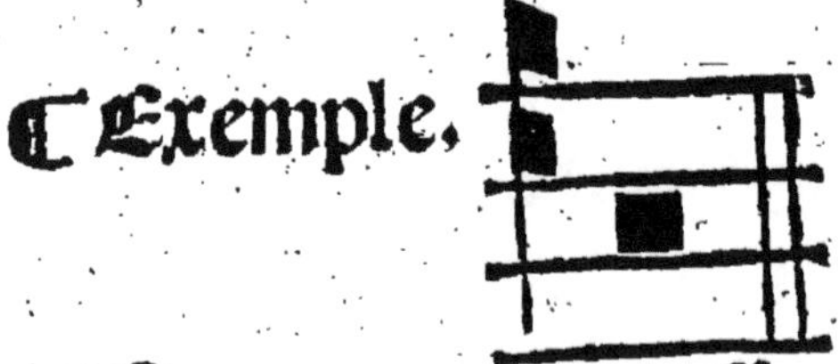

℃Les ſeptieſme et huytieſme tons
finiſſent a vt de g ſolre vt venant a
pꝛes ledict ffa vt le graue.

℃Exemple.

℃Oꝛ pource que leſ premier et ſe
gond tons et auſſi les aultres ſix tons
ſuſ finiſſẽt ainſi cõme eſt dit de deux
A iij

en deux, en re, en mi, en fa, z en vt.

C Est neceſſaire cognoiſtre de quel ton ilz ſerõt ou de tons maiſtres q̃ mõ tent ou de tons diſciples q̃ deſcédent.

C Pour cognoiſtre les tons impars.

C Parquoy fault regarder la dernie re note du chant que lon chãte cõme par exéple lon chãtera Gaudeamus.

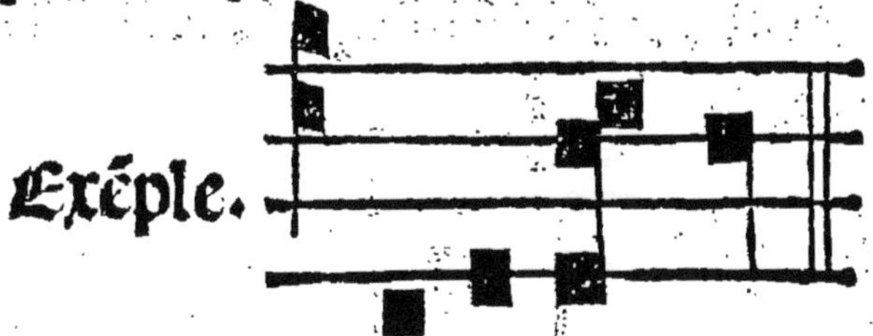

la derniere not̃ q̃ eſt au dernier mot dud.Gaudeamus ꝛc̃. eſt re dud o ſoire le graue venant apꝛes c ſa vt.

C Et psource que le chãt dudit Gau

deamus monte par deſſus ſadicte fin
que eſt leꝺ·re·ꝺudict o ſolꝛe.plus ꝺe
ſix notes cōme apert par le Graꝺual
ou eſt note au long·a cauſe ꝺe cella
il eſt ꝺu pꝛemier ton·que eſt impar·⁊
maiſtre·⁊ ne ꝺeſcenꝺ·ꝺe ſa nature·
que vne note au ꝺeſſoubz ꝺe ſaꝺ fin
que eſt·re·ꝺudict o ſolꝛe.

℄ Pour cognoiſtre les tons pars.
℄ Et au contraire·quant on chante.

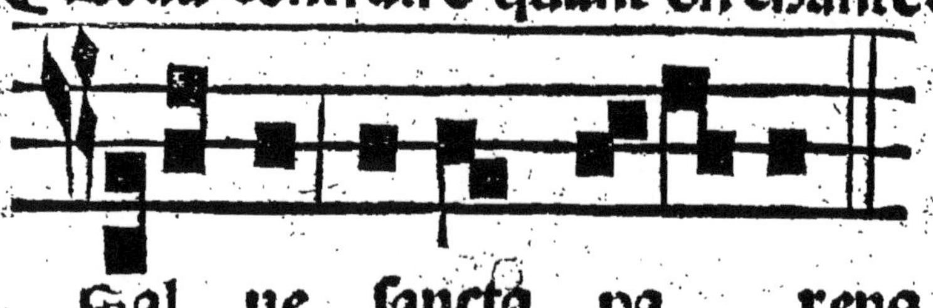

Le ꝺernier mot eſt

et ſa ꝺerniere note eſt re·ꝺudict o ſol
re·le graue.Et pour ce que le chant
ꝺudict Salue ſancta·parens·ne mon
A iiij

te plus hault que de cincq ou six notes au deſſus de ſadicte fin que eſt le
dict re oudict o ſolre et ledict chant
deſcend cōmunemēt iuſque en are
venant apres gamaut que ſont quatre notes au deſſoubz dudict o ſolre
a cauſe de cella les Salue ſancta ꝛc.
eſt du ſegond ton qui eſt par et diſci-
ple Pour raiſon comme deſſus Il ne
monte au plus que de ſix notes cōme
apert p le gradual ou eſt note au lōg
Et en deſcend communemēt quatre
notes Et vella les exemples des pꝛe
mier ꝛ ſegond tons.
℄ Et notez que ainſi comme a eſte dit
deſdictz pꝛemier ꝛ ſegōd tons ainſi eſt
il deſdictz autres vj tons deſſudictz
reguliers.   ℄ Tons impars.
℄ Car comme dit eſt les quatre tōs
impars mōtent par deſſus leurſdites
fins huit notes cōmunement ou plus
Et ne deſcendēt que vne note au deſſoubz de leurdictes fins et a ceſte rai-

son se appellent maistres a cause que
montent.

❡ Tons pars.

❡ Et lesdictz quatre tons parsq̃ sont
ij.iiij.vj.et.viij.ne montent au plus q̃
de cinq ou de six notes au dessus de
leursdictes fins. Et descendent com-
munemét au dessoubz de leursdictes
fins quatre notesꝫ sappellét disciples
❡ Aussi fault noter que quát lesdictz
quatre tons impars montent par des
sus leursdictes fins entierement huit
notes sappellent tons maistres parfaictz. Et quant ilz passent et montent
par dessus lesdict huyt notes sapellét
tós maistres plusque pfaictz. et quát
ne montent que sept notes sappellent
tons maistres imparfaictz.
❡ Aussi en semblable est il a noter en
descendét desdictz quatre tons pars
appelles disciples. Car se ilz descendét au dessoubz de leursꝺ fins quatre
notes : sappellent tons disciples par

faictz. Et silz descendent au dessoubz
desdictes quatre notes: sappellēt tōs
disciples plusque parfaictz. Et silz ne
descendent lesdictes quatre notes: se
ront tons disciples imparfaitz.

℟ Pour les Alleluya tractus
gradualz et respons.

℟ Pour cognoistre de quelz tons sont
les Alia: auec leurs versetz. aussi les
Gradualz. les tractus. et les respons
auec leurs versetz: fault regarder la
derniere note des susdictz Alleluya
des Gradualz. Tractus. et Respons
q̄ sera la plus derniere note desdictz
Alleluya. et Tractus. τc̄. que vient
au plus pres desd̄ versetz. et alad̄ derniere note. que est leurs fins dessud̄
Alleluya. τc̄. se cognoistra de quel tō
ilz seront. comme est dit dessus. Et
apres fault regarder se leursdictz ver
setz montēt: sept huyt ou neuf notes.
ou plus par dessus leursdictes fins. q̄
est lad̄ derniere note desdictz Alle-

luya ou Tractus. ꝛc. Et adoncques
sera ton impar et maistre: et silz ne mō
tent lesdictz versetz que.v. ou. vj. no
tes par dessus leurs̄ fins̄ et descen
dent communement au dessoubz de
leurdictes fins troys ou quatre no
tes seront tons pars et disciples.

℃ Pour bien et seurement entonner.

℃ Item apres que lon aura entendu
les choses et regles susdictes il est ne
cessaire que quant lon vouldra chā
ter lung desdictz tons impars et mai
stres il les fault entōner bié bas car
comme est dit il montent de leur na
ture du mois. vij. viij. ix. ou x. notes.
Et ne descédent que vne note au des
soubz de leursdicte fin seulement.

℃ Et lesdictz quatre tons pars les
fault entonner plus hault troys ou
quatre notes que lesdictz tōs impars
Car ne montent au dessus de leurs̄
fins au plus que six notes. Et ilz descé
dent communement comme est dit

troys ou quatre notes de leurdictes
fins. Parquoy en les entonnant af=
fez hault lefdictes notes que defcen=
den bas se refonneront bié fans grã
de peyne ne contraincte.

C Des profes. Tons mixtes.
C Item auffi se trouueront daulcuns
chantz que mónteront leur .vij. vuj.ix.
notes ou plus au deffus de leurd fin.
Et auffi defcendront troys ou quatre
notes au deffoubz de leurfdictes fins.
Et fappellent tons mixtes. Car ilz tié
nét en partie des tons impars : car ilz
montent hault. Et des tons pars car
defcendent. Parquoy fault aduifer
que filz montent plus fouuent .viij. ix.
x. notes ou plus: que ne defcendront
fouuét au deffoubz de leurd fins: fap
pelleront Tons mixtes impars de
maiftres. Et auffi filz defcédent plus
fouuét au deffoubz de leurd fins. iij.
iiij. ou .v. notes: que ne monteront fou
uent: fappelleront tons mixtes pars.

et disciples. Et vella quant aux huyt
tons susdictz reguliers.

¶ Notez que aussi comme lon entône
ra bas le premier ton. aussi fault entô
ner les autres tons impars: que sont
les.iij.v.et.vij.

¶ Et au contraire. aussi que lon entô
nera hault.le segôd ton. aussi fault en
tôner hault lesdictz aultres tons pars
et disciples que sont les.quart.sixies
me.et huytiesme.

¶ Tons irreguliers.

¶ Irregulierement.Les premierset
segôt tons finissent.ou.re.de.ala.mi.
re.venant apres.g.solreut.le graue.

¶ Exemple.

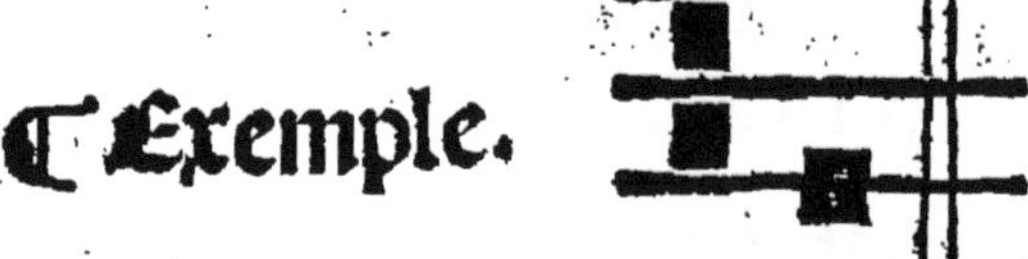

¶ Les tiers et quart tons finissent au
mi.de b fa b mi.venant apres ledict
a la mire.

¶ Exemple.

¶ Les quint ⁊ sixiesme tons finissent
au fa de C solfaut venant apres led
b fa b mi.

¶ Exemple. 

¶ Les septiesme et huytiesme tons
finissent au sol de Blasore venant le
dict Csolfaut.

¶ Exemple. 

¶ Et quant on trouuera a chanter
desd tons irreguliers les fauldra en
tonner de pareille sorte come a este
dit cy dessus desdictz huyt tons regu
liers.

IEHAN
DE
CHAN
NEY